Dieses Mini-Magazin widmet sich der Ausstrahlung. Jedes Lebewesen hat sie, doch sie wird von Verunreinigungen überlagert. Diese sind auf den ersten Blick unsichtbar, doch beim näheren Hinsehen kann man sie erkennen. Es sind allerlei Eigenschaften und Verhaltensmuster, die wir uns angeeignet haben. Diese Wesenszüge, die auch mit eigenwilligen Glaubensmustern einhergehen, basieren auf Unwissenheit, die dem Ego anhaftet. *Es gilt, unsere wahre Identität zu erforschen.* Wenn wir uns dieser Aufgabe stellen, werden wir *in uns* eine Veränderung erfahren, die sich unmittelbar auf das Leben auswirken wird.
Die Natur strahlt edel und rein! Sie ist unser perfekter Spiegel. Kein Wunder, dass wir uns bei einem Spaziergang so frei fühlen. Der Kopf wird ausgelüftet und es wird still.

Widmen wir uns heute voll und ganz der Ausstrahlung. Was Sie ausstrahlen, ziehen Sie natürlich auch an. Charisma kann man nicht lernen, man kann es wiederentdecken!

Dieses kleine Magazin eignet sich nicht nur zum Mitnehmen, sondern auch zum Verschenken, ganz ohne Anlass, einfach nur so.

Anderen etwas Gutes tun und dabei sich selbst nicht zu vergessen, lautet die Devise. Ihre Ausstrahlung folgt Ihren Gedanken, Worten und Taten. Deshalb, geben Sie gut acht und seien Sie bedacht, damit sich Ihr Glanz voll entfalten kann.

CHARISMA
ist kein Zufall!

" Nutzen Sie die Macht des Geistes optimal, denn Sie verfügen über eine ganze Reihe von geistigen Werkzeugen, die nur darauf warten, eingesetzt zu werden. Das bewusste Richten Ihrer Aufmerksamkeit ist eine Art Schicksalsauswahl-Empfänger und erteilt dem Leben Aufträge für Ereignisse und Situationen. Sie ziehen ständig entsprechende Umstände in Ihr Leben und damit bestimmen Sie das, was geschieht. Manche nennen es Schicksal. Ich nenne es die Folge unserer energetischen Signatur (Ausstrahlung und Charisma).

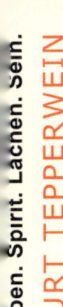

TEPPERWEIN

Mini-Magazin
EXTRA

Charisma pur

Leben. Spirit. Lachen. Sein.

Kurt
Tepperwein
IAW
ORIGINAL

Charisma ist kein Zufall **4**

Ausstrahlung ist Resonanz-fähigkeit **10**

ENERGIE-MANAGEMENT
Wenn der Mensch zu sich selbst erwacht **14**

TIPP!

Das Leben wartet auf Ihre Anweisungen

Wir haben mit der

Natur

etwas gemeinsam:
ihre Ausstrahlung

Der erste Eindruck ist Teil des Erfolges. Für einen optimalen ersten Eindruck ist auch entscheidend, worauf Sie Ihre Aufmerksamkeit richten, genau dorthin wird Ihre Schöpferkraft fließen.

Diese verwirklicht genau das, worauf Sie Ihre Aufmerksamkeit richten, ob Sie dies wollen oder nicht. Ich nenne diese Ausrichtung auch Schicksalsauswahl-Empfänger, weil Sie durch Ihre Ausrichtung (Ursache) eine Folgewirkung erzielen. Meist richten wir aber die ganze Kraft auf das, was wir nicht wollen und ziehen dadurch genau das in unser Leben.

Warum?

Weil wir aus diesem Mangelbewusstsein heraus genau das anziehen, was wir nicht wollen, doch haben wir es ausgesendet. Ob unwillentlich oder bewusst – Fakt ist: ALLES kommt zu Ihnen zurück und alles entspricht Ihrem Sein (Ihrer Sichtweise, Ihrer Ausstrahlung, Ihrer Energie, Ihren Gefühlen, Worten, Handlungen und Gedanken). Wann

Sie also sagen: »Ich habe Ja gesagt, dass dies oder jenes passiert«, und das auch eintrifft, haben Sie leider keine hellseherischen Fähigkeiten, sondern erleben einfach nur eine natürliche Folge einer unsichtbaren Programmierung. »Ach, da gehe ich nicht hin, der mag mich sowieso nicht!« Oder: »Das bringt nichts.« Ja das stimmt, Sie haben es ja bereits ausgesprochen. Wie soll ein Tag schön oder erfolgreich sein, wenn Sie frühmorgens beim Aufstehen feststellen, dass Sie den Tag nicht leiden können? Der Tag wird Sie ebenfalls nicht mögen und Ihre Befürchtung tritt zu 100 % ein.

Es wird Ihnen immer gelingen, Ihnen den Tag zu vermiesen, wenn Sie mit den Mundwinkeln nach unten aus dem Bett steigen. Geben Sie dem Tag doch die Chance, Sie zu lieben. Lassen Sie sich von ihm überraschen! Indem Sie nicht schon vorher gedanklich festlegen, dass er nicht gut sein wird und Vermutungen anstellen, wie er denn verlaufen könnte. Lassen Sie den Tag sich selbst entwickeln und geben Sie ihn frei. In dem Moment, wo Sie sowieso schon wissen, dass ein Geschäft nicht klappen wird, haben Sie mit ziemlicher Sicherheit bereits eine Ursache gesetzt.

Die Wirkung wird genau diese sein, die Sie sowieso schon wissen. Also wie soll es dann klappen? Wie soll es zustande kommen? Wie soll es sich positiv zeigen? Es zeigt sich positiv, wenn Sie es sind und umgekehrt wird es auch im negativen Sinne sein.

Alles beginnt damit, wie offen wir sind und dies als Grundbaustein des Erfolgs einmal in Erwägung ziehen.

Das beginnt mit der bewussten Wahl Ihrer Laune und diese bestimmt auch Ihre energetische Signatur (Ausstrahlung und Charisma), Ihr So-Sein. Das Leben sendet Ihnen Ereignisse.

Es stellt Sie vor Aufgaben und gibt Ihnen Möglichkeiten, über Ihr begrenztes Ich hinauszuwachsen. All das, was sich in Ihrem Leben ereignet und ergibt, entspricht Ihren Gedanken.

Und zwar, wie Sie von sich selbst, dem Leben und den anderen denken. Es sind also Ihre Gedanken, die Ihr Leben bestimmen, da sich Leben nur dort abspielen kann.

Sie können jeden Augenblick in ein neues Leben eintreten und somit die Chance zum Besseren jeden Moment nutzen.

Alles basiert auf Vorstellungen und Ideen. Das, was wir Wirklichkeit nennen, ist nur eine individuelle und persönliche Wirklichkeit und niemals die eine Wirklichkeit, auf der Leben aufgebaut ist.

Charisma schafft eine Aura des Erfolgs und macht Sie zu einer Erfolgs-Persönlichkeit, der Erfolg scheinbar mühelos in den Schoß fällt. Damit nutzen Sie auch die Macht des ersten Eindrucks.

In den ersten sieben Sekunden einer Begegnung schaffen Sie den entsprechenden ersten Eindruck durch Ihr So-Sein, Ihre Ausstrahlung, aber auch Ihre Voraussetzungen und Ihr Vorbild sowie durch Ihre Stimme. Nicht nur, was Sie sagen, ist wichtig, sondern als wer Sie sprechen, als ein begrenztes oder unbegrenztes Ich.

Es ist wichtig, ob Sie wirklich Sie selbst sind oder eine Rolle spielen. Ob Sie sich von Ihrer besten Seite zeigen und überzeugen wollen und sich damit verstellen. Wer nicht authentisch ist, kommt meist auch nicht so gut an.

Wie Sie sich selbst sehen und wahrnehmen, was Sie von sich selbst halten, wie Sie mit sich selbst umgehen, all das ist natürlich Teil Ihrer energetischen Signatur.

Und diese ist das, was Sie ausstrahlen, also wie Sie schlussendlich wahrgenommen werden. Ihr Umfeld reagiert auf diese Signatur, die ich seit jeher so nenne, weil sie ein energetisches Aushängeschild darstellt und ist.

Man reagiert darauf und behandelt Sie dementsprechend, nämlich wie respektvoll Sie mit sich selbst sind. Machen Sie sich bewusst, dass Sie von Natur aus weder ein Gewinner noch ein Verlierer sind. Auf irdischer Ebene werden Sie immer beides sein, weil die Sicht darüber entscheidet, was man unter Gewinnen und Verlieren versteht.

Aus einer tieferen Sicht sind Sie das, was einen Gewinner und Verlierer überhaupt erst hervorbringen kann. Und das ist universelles Bewusstsein, was unveränderlich ewig ein und dasselbe ist und sein wird. 🌐

🌐 Meine Erfolgsformel:

———————————————

———————————————

———————————————

———————————————

———————————————

———————————————

———————————————

RAUM
ZUR EINKEHR

Vertrauen und Stärke

Was du denkst, bist du!
Was du bist, strahlst du aus.
Was du ausstrahlst, ziehst du an.

BUDDHA

Kraft und Mut

Es gibt keinen Weg
zum Glück.
Glücklichsein
ist der Weg.

Ausstrahlung ist
Resonanzfähigkeit

Jeder Mensch kann immer nur jene Bereiche der Wirklichkeit wahrnehmen, für die er „resonanzfähig" ist. Das gilt nicht nur für den Bereich der sinnlichen Wahrnehmung, sondern auch für die Wahrnehmung der gesamten Wirklichkeit. Was außerhalb unserer Resonanzfähigkeit liegt, wird von uns nicht wahrgenommen, es existiert nicht für uns, auch wenn es vorhanden ist.

Obwohl wir wissen, dass wir mit unseren physischen Augen nur 8 % des vorhandenen Lichtspektrums sehen können, neigen wir dazu, die übrigen 92 % der Wirklichkeit als nicht vorhanden anzusehen, weil wir sie nicht wahrnehmen können.

So werden Menschen mit einer ähnlichen Einstellung ebenso von uns angezogen wie unserem Denken und Fühlen gemäße Lebensumstände und Ereignisse. Wird jemand in einen Unfall verwickelt oder gerät in eine Konfliktsituation, geschieht das niemals zufällig, sondern immer aufgrund der eigenen Affinität zu einem solchen Ereignis. Ohne diese Affinität

Arthur Schopenhauer

hätte sich ein solches Ereignis niemals als Ereignis für ihn manifestieren können.

Der Mensch ist imstande, neutrale kosmische Elektronenenergie, die überall vorhanden ist, aufzunehmen, sie mit beliebigen Gedanken oder Gefühlsenergien zu prägen und die so selbst geschaffene Schwingungsfrequenz auszustrahlen. Diese bewusst oder unbewusst ausgestrahlte Energie zieht entsprechende Ereignisse an und bringt sie als Lebensumstand oder Erlebnis seinem Erfahrungsbereich zurück.

Unser Denken und Fühlen ist ein unsichtbarer Magnet, der alles unaufhörlich anzieht, was in der Welt mit ihm übereinstimmt. Die vorherrschenden Gedanken, Gefühle und Neigungen eines Menschen bestimmen seine „geistige Atmosphäre" und schaffen so eine „Aura des Erfolges" oder des Misserfolges.

Dieses „gewisse Etwas" eines Menschen kann jeder fühlen und reagiert darauf mit Sympathie oder Ablehnung. Wie man ein Krankenzimmer durch entsprechende Infektionsmittel von Krankheitskeimen befreit, so kann man die geistige Atmosphäre eines Raumes durch bewusste positive Ausstrahlung „bereinigen".

Was einer an sich selbst hat, ist zu seinem Lebensglücke das Wesentlichste.

Arthur Schopenhauer

Charisma ist die Qualität, die Leute dazu bringt, dir zu folgen. Es ist die Fähigkeit, zu inspirieren.

Lido ‚Lee‘ Iacocca

Es ist ein großer Fehler, das Komplimente machen aufzugeben. Wenn der Mensch nichts Charmantes mehr sagt, hat er auch keine charmanten Gedanken mehr.

Oscar Wilde

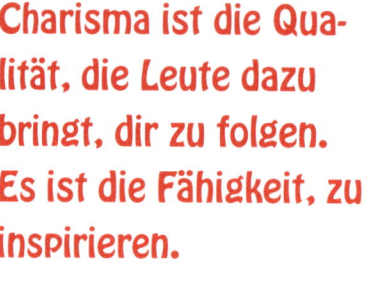

Wer sich ständig anpasst, kontrolliert und damit selbst einengt, kann keine Ausstrahlung haben. *Unbekannt*

Denn es muss von Herzen kommen, was auf Herzen wir-ken soll.

Johann Wolfgang von Goethe

Lächle anderen zu und sieh, wie in ihnen die Sonne aufgeht bzw. deine Sonne zurück-strahlt.

Unbekannt

ENERGIE-
MANAGEMENT

Wenn der Mensch zu sich selbst erwacht

Sobald sich deine
EIN-Stellung ändert,
wird sich auch deine
AUS-Strahlung ändern.

Respekt bedeutet, mit sich selbst und seinem Umfeld behutsam umzugehen. Dies schließt die Natur mit all ihren einzigartigen Lebewesen ein – und zwar ausnahmslos. Begegnen Sie dem Nächsten immer so, wie Sie es sich selbst wünschen. Vergessen wir nie, dass unser Gegenüber nicht getrennt von uns existiert, sondern der Spiegel unserer Innenwelt ist.

Energie-Management für ein lebenswertes Leben. Die Instrumente für Ihr Energie-Management sind: Ihr Selbstbild, die Ausrichtung Ihres Schicksals-auswahl-Empfängers, Aufmerksamkeit, Ihre Überzeugungen und Ihr Glaube. Aber auch die Macht Ihrer Gefühle ist ein wichtiges Instrument, weil Gefühle wirklichkeitsschaffende Kräfte sind.

Der Gedanke ist der erste Impuls, die Vorstellung gibt ihm die gewünschte Form. Die Macht der Gefühle verleiht den Gedanken die Kraft der Verwirklichung. Somit sind also Gedanken ein wichtiges Instrument. Weitere Instrumente: das „richtige" bzw. angemessene Handeln! Dazu gehört auch die Fähigkeit, stets die „richtigen" bzw. passenden Entscheidungen zu treffen. Auch der Umgang mit Ärger, Stress, Angst und Aggressionen sowie das Auflösen dieser unerwünschten Energien, bevor sie als Ereignis in Ihrem Leben in Erscheinung treten können, gehören dazu. Das Auflösen geschieht jedoch nicht durch ein konkretes Tun oder durch eine Maßnahme, die Sie ergreifen müssen.

Es einfach sein und geschehen zu lassen, wie es sich im Moment zeigt, ist bereits der Beginn der Auf-Lösung.

Akzeptanz ist die Lösung.

Es geht aber nicht um ein annehmen müssen, sondern um das Verständnis für den Lauf der Welt. Das Verständnis dafür, dass alles im Leben seine absolute Berechtigung hat, auch wenn wir es nicht einschätzen oder verstehen können.

Müssen wir das?

Wozu?

Es ändert ja nichts daran, dass es ist, wie es ist. Also: sein lassen, damit es vorübergehen kann. Vorübergehen kann es nur, wenn wir es nicht anhalten, nichts festhalten, nichts „zerdenken" und vertiefen.

Respekt und Höflichkeit sind ebenfalls Werkzeuge, wie es der Humor, Ihr Charisma, das Segnen und die Macht des Dankens sind.

Die Grundlage von allem aber ist Ihr Bewusstsein, Ihr momentaner Seins-Zustand, Ihre innere Intention.

Jeden Tag treffen wir unzählige Entscheidungen und jede verändert unser Leben. Stellen Sie sich vor, jede Entscheidung in Ihrem Leben ist immer die Richtige gewesen und wird es auch immer sein. Sie glauben, Sie haben falsche Entscheidungen getroffen?

Wenn Sie das glauben, dann haben Sie vergessen, dass nicht Sie Entscheidungen treffen, sondern das Leben die Weichen stellt. Das Leben trifft die Entscheidungen, Sie führen sie nur aus. Nur weil Sie eine Rechenaufgabe lösen, heißt es nicht, dass Sie diese auch erfunden haben. Jede Entscheidung ist in jedem Fall absolut perfekt.

Warum?

Weil ja nicht Sie sich entscheiden oder entschieden haben, wie Sie irrtümlich dachten.

Sie sind aber davon überzeugt, dass Sie etwas anders oder besser machen hätten können. Wenn. Das Wörtchen wenn nicht wäre. Wäre. Hätte. Täte. Ja, das sind Worte, die ins Leere führen. Dieser Irrglaube ist der Urheber für Schuldgefühle. Wozu schuldig sprechen oder sich schuldig fühlen, wenn doch das Leben entscheidet?

Ist das nicht befreiend?

Natürlich hat Ihr Mund eine Entscheidung ausgesprochen und das Hirn eine solche gedacht. Doch Worte und Gehirne können nicht aus sich heraus funktionieren. Kein Hirn ist in der Lage, eine Entscheidung zu treffen, es kann sie denken, doch das Denken lässt vermutlich noch nichts geschehen.

Sie folgen einer Vorgabe und diese Vorgabe ist etwas viel Intelligenteres und Höheres, wie es der menschliche Körper jemals sein und es sich vorstellen kann. In jedem Menschen gibt es eine Instanz voller Weisheit, die Entscheidungen trifft, bevor das Hirn überhaupt denken kann. Diese Weisheit weiß außerdem die Antwort auf jede Frage, hat die Lösung für jede Aufgabe parat und schüttelt Entscheidungen aus dem Ärmel, die für den Menschen immer die lehrreichsten sind. Aus menschlicher Sicht sind es nicht immer die besten Entscheidungen, vielleicht hätte sie unser Ego anders gefällt, wenn es denn eine Wahl gehabt hätte.

Fakt ist, dass alle Entscheidungen immer maßgeschneidert und für uns bestimmt sind.

Wie auch immer wir sie empfinden, sie entsprechen uns haargenau und weisen uns den Weg. **„Danke für jede dunkle Erfahrung, die mir den Weg ins Licht zeigen kann."**

Seit jeher sucht der Mensch nach Lösungen für seine Probleme. Für ihn sind sie oft schwerwiegend, belastend und vor allem eines: real. Doch in Wirklichkeit existieren Schwierigkeiten nur in seiner individuellen Sichtweise, die ihm eine unlösbare Situation vorgaukelt. Wenn sich die Sichtweise ändert, wird auch eine Änderung der Situation erfolgen. Lebenssituationen orientieren sich nämlich nach der inneren Haltung und nicht nach äußeren Handlungen.

Erfahren wir mehr über längst vergessene Tugenden, die unser Leben wieder in Ordnung bringen und es ermöglichen, der scheinbaren Unordnung stets offen und liebevoll zu begegnen. Lassen wir die oberflächliche und eigenbrötlerische Betrachtungsweise hinter uns und öffnen wir uns unserem ureigentlichen Wesenskern.

Dieses Buch wartet mit zahlreichen Hinweisen und Anregungen auf und bestärkt uns darin, selbst auferlegte Grenzen zu durchbrechen und alte Gewohnheiten hinter uns zu lassen. Wer sich allen Lebensumständen stellt, dem wird das Leben alles zur Verfügung stellen, um Freude, Wohlstand und Leichtigkeit zu erfahren.

„Erkennen wir, dass verwirklichte Spiritualität unsere einzige Lebensaufgabe ist und übernehmen wir die Verantwortung, Weisheit zu leben. Lassen wir uns Zeit, haben wir Geduld und Nachsicht mit uns selbst. Seien wir ganz einfach Mensch, denn Spiritualität spielt sich mitten in der Welt ab und nirgendwo anders.“

Paperback, 160 Seiten
ISBN: 978-3-7322-9441-1
Im Buchhandel erhältlich

Wie du bist, bist du gut!

Selbstbewusstsein hat man nicht, man strahlt es aus! Man ist dieses bewusste Sein! Lebe es!

Kurt Tepperwein & Felix Aeschbacher

Das Leben wartet auf Ihre Anweisungen

Mit der Macht der Gedanken.
Mit der Intensität meiner Gefühle.
Mit meinen Überzeugungen.

Mit dem Richten meiner Aufmerksamkeit.
Mit meiner „energetischen Signatur".
Durch mein Charisma.

Mit der „Macht des Glaubens".
Durch die „Macht der Wiederholung".
Indem ich den „Weg der Freude" gehe.

Durch Loslassen.
Durch „schöpferische Imagination".
Durch mein SO-SEIN.

Durch die „Macht des Dankens".
Durch mein Wohlstandsbewusstsein.
Durch meine Zielklarheit.

Durch mein Verhalten und mein Handeln.
Durch das, was ich sage.
Durch meine Beharrlichkeit.

Buch-Empfehlungen für Sie!

Ab heute bin ich frei!
Befreiung aus dem
Ego-Labyrinth
Paperback, 204 Seiten
ISBN: 978-3-7357-8253-7

Glaube an Dich!
Entfaltung und
Verwirklichung
Paperback, 160 Seiten
ISBN: 978-3-7347-9574-5

Im Buchhandel wartet eine Vielfalt auf Sie.

© 2018 IAW Anstalt
www.iadw.com

ISBN: 978-3-7528-6231-7

Umschlaggestaltung und Layout: www.layART.li
Umschlagmotiv und Illustrationen: © www.fotolia.com

Herstellung und Verlag: BoD – Books on Demand, Norderstedt

Internationale Akademie der Wissenschaften (IAW) Anstalt,
Postfach 1628, FL-9490 Vaduz, Büroanschrift: Landstrasse 14, FL-9496 Balzers, E-Mail: go@iadw.com

Besuchen Sie uns:
www.iadw.com

**Das Schönste,
was ein Mensch
tragen kann,
ist ein Lächeln.**